Ich habe einen Traum.

Lebe deinen Traum

Wünsche und gute Gedanken

Ausgewählt und zusammengestellt
von Ilka Osenberg-van Vugt

Illustriert
von Tanja Stephani

Die Geschichte
der Menschheit
wie des Einzelnen
beginnt mit einem
Traum.

Wilhelm Raabe

NIMM DIR ZEIT ZUM TRÄUMEN, ES IST DER WEG ZU DEN STERNEN

Jeder von uns hat Träume: kleine oder große, ganz schlichte, illusorische oder gewagte. Manche dieser Träume erfüllt man sich sofort: das kühle Eis an einem heißen Sommertag oder das leckere Stück Kuchen aus der Lieblingsbäckerei. Manche brauchen etwas länger, wie vielleicht eine ganz besondere Reise, auf die man lange hingespart hat. Oder das schöne Fest mit netten Freunden im Garten zum runden Geburtstag. Und wieder andere begleiten uns ein Leben lang. Dies ist unser ganz persönlicher Lebenstraum. Die anregenden Gedanken und Inspirationen der hier ausgewählten Autorinnen und Autoren laden zu lebensfrohen Tagträumereien ein. Mit den verträumt-poetischen Illustrationen von Tanja Stephani beflügeln sie dazu, dabei der Stimme des eigenen Herzens Raum zu geben. Und wer weiß: Vielleicht lassen sie ja auch den ein oder anderen Traum Wirklichkeit werden. Nebenwirkungen sind jedenfalls nicht ausgeschlossen.

Ilka Osenberg-van Vugt

WUNSCH

Heute will ich der Angst
Ein Schnippchen schlagen
Setz mir einen großen
Mutigen Hut auf
Geige den Herren da draußen
Mit einem Kontrabass
Gründlich meine Meinung
Schneide freundlich lächelnd
Alte Zöpfe ab
Meine Chancen packe ich
Beim Schlafittchen
Schleife sie hinein
In mein neu erblühtes Leben
Heute will ich etwas tun
Das ich bisher nicht wagte
Meinen Träumen
Platz schaffen in meiner Realität.

Carola Vahldiek

WARUM DENN NICHT?

Wenn ich die Sterne anschaue, bringen sie mich immer zum Träumen, gerade so einfach, wie ich über den schwarzen Punkten für Städte und Dörfer auf einer Landkarte träume. Warum, frage ich mich, sollten die leuchtenden Punkte am Himmel nicht ebenso zugänglich sein wie die schwarzen Punkte auf der Landkarte von Frankreich?

Vincent van Gogh

ICH LIEBE DIESE STUNDE

... die anders ist, kommt und geht. Nein, nicht die Stunde, diesen Augenblick liebe ich, der so still ist. Diesen Anfangs-Augenblick, diese Initiale der Stille, diesen ersten Stern, diesen Anfang. Dieses Etwas in mir, das aufsteht, wie junge Mädchen aufstehn in ihrer weißen Mansarde ...

Diese Nacht liebe ich. Nein, nicht diese Nacht, diesen Nachtanfang, diese eine lange Anfangszeile der Nacht, die ich nicht lesen werde, weil sie kein Buch für Anfänger ist. Diesen Augenblick liebe ich, der nun vorüber ist und von dem ich, da er verging, fühlte, dass er erst sein wird.

Rainer Maria Rilke

MÄRCHENSPIEL

An Märchen
glauben
drei Wünsche
bedenken
mit Feen
befreunden
den Kaiser
bekleiden
es war einmal
alles möglich
wie heute

Peter Schiestl

IMMER HELL

Wenn man auch allen Sonnenschein wegstreicht, so gibt es doch noch den Mond und die hübschen *Sterne* und die Lampe am Winterabend. Es ist so viel schönes Licht auf der Welt.

Wilhelm Raabe

ICH TRÄUME BUNT

Ich träume
Nicht liebesrot oder trauerblau
Auch nicht sonnengelb oder hoffnungsgrün
Meine Träume kommen bunt daher
Wie ein geblümtes Sommerkleid
Aus lauter Lieblingsfarben

Carola Vahldiek

PINNWAND FÜR DIE TRÄUME

Ich schreibe meine Träume
in Schönschrift auf Blätter
aus feinstem Papier
und hefte sie
an eine himmelblaue Wand
im Haus meines Lebens.

Violett und rostrot,
sonnengelb und türkis,
grasgrün und rosa
schimmern die Träume.

Vielgestaltig
kommen sie mir entgegen:
als Sterne und Wolken,
Blüten und Herzen,
mal kantig, mal rund.

Wieder und wieder
gesellen sich neue hinzu.

Manchmal schaue ich sie an
und verliere mich eine Weile in ihnen.
Zuweilen nehme ich einen der Zettel ab,
weil ein Traum sich locken ließ
und aus den Gedanken heraustrat
ins Leben.

Tina Willms

T Treuer Begleiter, Mahner, Erinnerer,
wie Wolkengespinst verweht

R Reine Theorie,
die alles erlaubt, auszuleben

A Animateur, Mutmacher zu Wagnissen,
nicht nur im Traum

U Unklar wie Hügel, weit weg,
der Weg zu ihnen ist beschwerlich

M Mitten im Leben ein anderes Sein

Ursula Kreutz

FENSTER ZUM HIMMEL

Von Saint-Exupéry stammt das berühmte Wort: „Wenn du ein Schiff bauen willst, lehre die Menschen die Sehnsucht nach dem Meer." In der Sehnsucht steckt also eine Kraft, die uns befähigt, Utopien ganz konkret anzugehen. Die Sehnsucht hat die Menschen des Mittelalters dazu angetrieben, hohe Dome zu bauen. Diese Baukunst lebte von der Sehnsucht. Die Musik lebt von der Sehnsucht. Sie öffnet ein Fenster zum Himmel. Jede Kunst ist letztlich Vorschein des Ewigen, noch nie Dagewesenen, Ausdruck der Sehnsucht nach dem ganz anderen. Sehnsucht hat die Kraft, Beton zu sprengen, den Panzer zu knacken, den wir um uns aufgebaut haben, um unempfindlich zu sein gegenüber der anderen Welt. Sehnsucht öffnet unsere enge Welt. Sie hält den Horizont über uns offen. Die Sehnsucht verschließt sich nicht den erschreckenden Tatsachen des Lebens. Sie setzt uns auf die Spur der Hoffnung, die uns der Realität ins Auge sehen lässt, ohne daran zu verzweifeln.

Anselm Grün

WUNSCH

Habe Geduld gegen alles Ungelöste in deinem Herzen und versuche, die Fragen selbst lieb zu haben, wie verschlossene Stuben und wie Bücher, die in einer sehr fremden Sprache geschrieben sind. Forsche jetzt nicht nach den Antworten, die dir nicht gegeben werden können, weil du sie nicht leben kannst. Und es handelt sich darum, alles zu leben. Lebe jetzt die Fragen. Vielleicht lebst du dann allmählich, eines fernen Tages, in die Antwort hinein.

Rainer Maria Rilke

AUFBRUCH
ZUR NACHTFAHRT

ich wiege
den tag
in den schlaf

und streiche
der sehnsucht
über die stirn

„träume weit"

dann
holt mich das boot
und ich gleite
durch silberglitzerndes
dunkel
davon

Katja Süß

MÖWE

Vor Abendsturmwolken
Segelt eine Möwe
Als sei sie
Die Freiheit selbst
Breitet ihre Schwingen
Lässt sich tragen
Schwerelos.
Voll Sehnsucht
Blicke ich ihr nach
Fasse mir ein Herz.
Ich greife in den Wind
Und finde Halt

Carola Vahldiek

UNTERWEGS

mein Sehnsuchtsort
ist dort
wo Himmel und Meer
sich berühren
ist aber auch dort
wo Edelweiß und
Enziane blühen
und Steinböcke
über die Felsen springen –
meist bin ich weder da noch dort
meist bin ich unterwegs
zu einem solchen Ort

Eva-Maria Leiber

DEN SEINEN GIBT ES DER HERR IM SCHLAF

Wenn der Mensch abwesend ist, ist er am stärksten anwesend: im Schlaf, im Traum. Lange herrschte die populäre Meinung vor, dass das Gehirn in der dämmrigen Phase abschaltet, sich entspannt, auf Sparflamme „kocht" – und dann viel Überflüssiges vergisst. Die Neurowissenschaft hat andere Ergebnisse gebracht: Gerade jetzt herrscht zwischen den Hirnzellen höchste Aktivität. Die Neuronen „feuern" und knüpfen neue Verbindungen. Was der Mensch am Tag schafft, hat seinen Grund in der Nacht. Eigentlich ahnte es bereits Psalm 127: „Es ist umsonst, dass ihr früh aufsteht und euch spät erst niedersetzt, um das Brot der Mühsal zu essen; denn der Herr gibt es den Seinen im Schlaf." Eine Forschergruppe in Lübeck hat die Weisheit experimentell bestätigt. Versuchspersonen können schlafend eine Mathematikaufgabe leichter lösen als rein wachend.

Mathematikern, Physikern, Chemikern, Biologen, Künstlern sind solche Erlebnisse nicht neu. Sie haben die besten Einfälle oft dann, wenn sie gerade nicht ehrgeizig „daran" denken. Morgenstund hat Gold im Mund. Danach kann man aufzeichnen, ins Werk umsetzen, was man erfahren hat. Den Tod bezeichnen wir gern als „Schlafes Bruder". Ein falsches Bild. Denn der Schlaf ist des Lebens Schwester. In den Religionen beginnen Heilsereignisse nachts, im Traum. In manchen Mythologien der Weltschöpfung entsteht die Schöpfung aus dem Nichts dadurch, dass Gott selber schläft, träumt. Träume bewegen in der Bibel manche Geschichte voran, von Jakobs Himmelsleiter bis zu den nächtlichen Eingebungen der Magier, nicht zu Herodes zurückzukehren, um den Messias zu schützen.

Der allererste Schlaf des Menschen ist nach dem Mythos zugleich sein kreativster: „Da ließ Gott, der Herr, einen tiefen Schlaf auf den Menschen fallen, so dass er einschlief, nahm eine seiner Rippen und verschloss ihre Stelle mit Fleisch." So entsteht die Frau, Partnerschaft, Liebe, Beziehung, Personalität. Zum sexuellen Akt, der größten und mysteriösesten Schöpfungskraft, um neues Leben zu zeugen, sagen wir: Dass Mann und Frau miteinander „schlafen". Die Hirnforscher bestätigen: Es gibt eine menschliche Wachheit, die tiefer liegt als alle Oberflächenwachheit unserer Betriebsamkeit. Erst die Passivität macht den Menschen aktiv. Aber ohne Aktivität hilft Passivität nichts. Ähnlich ist Gott zu erfahren: eher in der Nacht als am Tag, aber nur dann, wenn man sich am Tag schon um ihn bemüht hat.

Johannes Röser

DIE GANZE WELT

Mag sein
dass es hinter dem Horizont
weiter geht
Ich aber schaue ihn
nicht sehnsuchtsvoll
nur glücklich
Endlich
scheint er
wieder so entrückt
so weit
als umfange ein einziger Blick
die ganze Welt

Carola Vahldiek

ALS ES SO SCHIEN ...

Als es so schien,
dass es keine Hoffnung gäbe,
habe ich ein Licht gesehen
in den Augen eines Kindes.

Als es so schien,
dass es keine Freude gäbe,
habe ich eine Freude gehört
in der Stimme eines Freundes.

Als es so schien,
dass das Leben schal sei,
habe ich die Frische
des Sonnenlichts genossen
auf meiner Haut.

Als es so schien,
dass alles so leer sei,
habe ich eine Nähe gespürt
in der Hand eines Fremden.

Als es schien,
dass die Zukunft so karg sei,
habe ich des Lebens
Lebendigkeit gefühlt
auf den Lippen eines anderen.

Irischer Segenswunsch

SEHNSUCHT

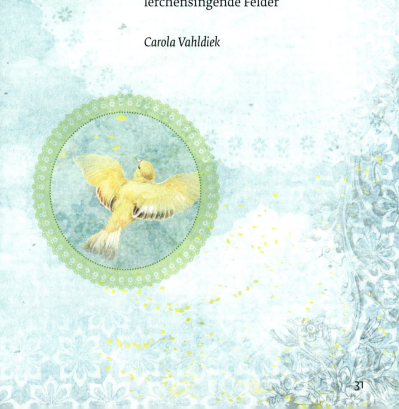

Wie ein kleines Licht
flackert die Sehnsucht
leuchtet wie ein Turm
am Ufer des Meers
weist mir ferne Traum-Küsten
blühende Augen-Weiden
duftende Buchenhallen
lerchensingende Felder

Carola Vahldiek

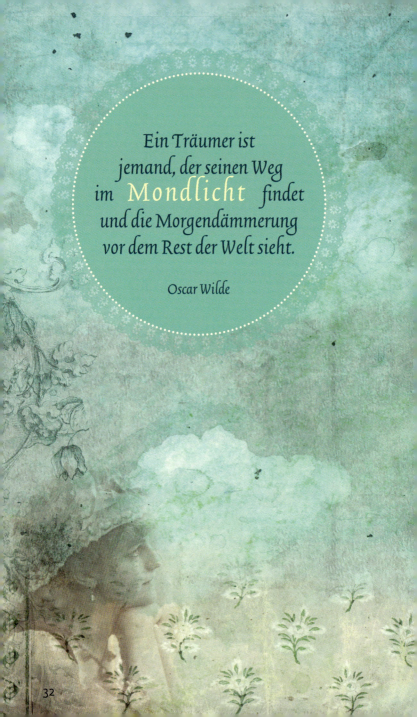

Ein Träumer ist
jemand, der seinen Weg
im Mondlicht findet
und die Morgendämmerung
vor dem Rest der Welt sieht.

Oscar Wilde

KLEINE SELBSTERFORSCHUNG

Auf welchen Schultern stehst du?
In wessen Spuren gehst du?
Mit welchen Augen siehst du?
In welchen Büchern liest du?

Mit welchem Segen lebst du?
An welchen Plänen webst du?
An welchen Orten weilst du?
Und wessen Leben teilst du?

Klaus Nagorni

IMMER WIEDER AUFBRECHEN

Immer wieder aufbrechen
im bedingungslosen Ja zum Leben,
zu allem, was mir begegnet.

Immer wieder aufbrechen,
das Alltägliche überschreiten,
neue Horizonte entdecken.

Immer wieder aufbrechen
in ungewisse Zukunft,
weitergehen in unbekannte Räume.

Immer wieder aufbrechen,
die Vergänglichkeit annehmen,
im Tod den Anfang des Lebens glauben.

Immer wieder aufbrechen,
die Hoffnung nicht sterben lassen,
die Sehnsucht wachhalten.

Immer wieder aufbrechen,
das Leben jeden Augenblick lieben,
gemeinsam feiern und genießen.

Immer wieder aufbrechen,
Träume Tag und Nacht leben,
Gefühle zulassen.

Immer wieder aufbrechen,
die Freude am Spiel nicht verlieren,
das Lied der Schönheit tanzen.

Was auch geschieht –
immer ist Aufbruch.

Benedikt Werner Traut

ZUM WACHSEN BESTIMMT

Mein Leben ein Baum,
gepflanzt an den Quellen des Vertrauens,
gesetzt an den Wasserbächen der Hoffnung,
eingewurzelt an den Ufern der Liebe.

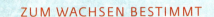

Ich wachse
in mein WurzelWerk hinab
zu einer zweiten Krone
tief in der Erde ruhend,
verwurzelt in den Urgrund des Seins
und hinauf in meinen Stamm,
immer höher
in die Äste und Zweige.
Immer weiter und größer
verzweigt sich das Blätterdach
hinauf zum Licht.

Das Keimen und Grünen,
Blühen und Reifen
will nicht aufhören.
Aus Kleinstem wächst Großes,
und über allem der Himmel.

Leben heißt Veränderung und Wachsen
hinauf in den Himmel,
wo meine Wurzeln sind.

Benedikt Werner Traut

DEIN EIGENER WEG

Kennst du
den Weg
von Hoffnung
verstellt
von Träumen
geblendet
schließe die Augen
geh Schritt für Schritt
am Ende erfüllen
sich Hoffnung
und Traum

Peter Schiestl

LUFTSCHLÖSSER

Wenn du Schlösser in die Luft gebaut
hast, so braucht deine Arbeit nicht
umsonst zu sein; dort gehören sie
nämlich hin. Und nun gehe daran,
die Fundamente unter sie zu bauen.

Henry David Thoreau

LEBENSSCHATZ

Die Zukunft ist nicht etwas,
was uns von außen zustößt,
die Zukunft ist in uns,
so wie in jedem Sonnenblumenkern
die Zukunft Sonnenblume ist.

Werner Sprenger

Wenn wir uns
von unseren Träumen
leiten lassen,
wird der Erfolg
all unsere Erwartungen
übertreffen.

Henry David Thoreau

Mit Texten von:
Vincent van Gogh (1853–1890): S. 10. **Anselm Grün**: S. 20 Fenster zum Himmel, aus: Ders., Das kleine Buch vom wahren Glück, hg. v. Anton Lichtenauer © Verlag Herder GmbH, Freiburg im Breisgau 2013. **Irischer Segenswunsch**: S. 30 Als es so schien. **Ursula Kreutz**: S. 18 © bei der Autorin. **Eva-Maria Leiber**: S. 25 © bei der Autorin. **Klaus Nagorni**: S. 33 aus: Ders., Das Buch von der Sehnsucht © 2009 Verlag am Eschbach, S. 53. Wilhelm Raabe (1831–1910): S. 6, 14. **Rainer Maria Rilke** (1875–1926): S. 11, 21. **Johannes Röser**: S. 26f © beim Autor. **Peter Schiestl**: S. 13, 39 © beim Autor. **Werner Sprenger**: S. 41, aus: Ders., Dass das Glück ganz anders ist, Nie/nie/sagen Verlag, 3. Auflage 1986 © Helga Sprenger, Freiburg. **Katja Süß**: S. 22 © bei der Autorin. **Henry David Thoreau** (1837–1861): S. 40, 43. **Benedikt Werner Traut**: S. 34f, 36f © beim Autor. **Carola Vahldiek**: S. 9, 15, 24, 28, 31 © bei der Autorin (www.lichtgedicht.de). **Oscar Wilde** (1854–1900): S. 32. **Tina Willms**: S. 16 © bei der Autorin.

ISBN 978-3-86917- 368-9
© 2015 Verlag am Eschbach der Schwabenverlag AG
Im Alten Rathaus/Hauptstraße 37
D-79427 Eschbach/ Markgräflerland
Alle Rechte vorbehalten.

www.verlag-am-eschbach.de

Gestaltung und Schriftvorlagen: Tanja Stephani, **www.lartquirit.ch**
Satz und Repro: Angelika Kraut, Verlag am Eschbach
Herstellung: Süddeutsche Verlagsgesellschaft, Ulm

Dieser Baum steht für klimaneutrale Produktion, umweltschonende Ressourcenverwendung, individuelle Handarbeit und sorgfältige Herstellung.

Zur Illustratorin:

Die Freude daran, etwas zu gestalten und zu verschönern, wurde ihr von ihrer Mutter in die Wiege gelegt. So lange sie denken kann, sind Nadel, Faden, Stoff, Schere, Papier und Farben ihre wunderbaren Gefährten durch den Tag. Da liegt der Gedanke nahe, dass es kleine Fantasiewelten in ihren Fingerkuppen sind, die täglich darauf warten, zum Leben erweckt zu werden. Wie auch immer: **Tanja Stephani** freut sich, wenn sie mit ihrer Kunst kleine Tagträume ermöglicht. Irgendwann kam sie auf die Idee, ihre Papier- und Stoffkunstwerke „L'art qui rit" zu nennen. Ihre Kunst möchte nichts anderes: zum Träumen anregen und mit einem Lächeln jeden Tag verschönern.